I0214944

LE TRIOMPHE
DE LA
PAIX.

PASTORALE,

Mise en Musique par Monsieur Gautier.

A LYON,

Chez THOMAS AMAULRY, seul Libraire
de l'Academie Royale de Musique.

M. DC. LXXXXI.

AVEC PRIVILEGE DU ROY.

ARGUMENT DU PROLOGUE ET DE LA PIECE.

LA France joüissant d'une profonde Paix, par les soins bienfaisans de LOÜIS LE GRAND, convie le repos & la Paix à demeurer toûjours avec elle, la Victoire infatigable quand il s'agit de suivre ce Heros invincible, & de luy chercher par tout des nouveaux Lauriers, s'opose au dessein de la France, & ne veut pas souffrir que LOÜIS donne la Paix à tout l'Univers, quand il ne tient qu'à luy de luy donner la Loy, elle est pourtant contrainte de consentir que le plus grand Roy du monde se fasse une nouvelle gloire de devenir l'Arbitre de la Paix, comme il est la foudre de la guerre ; ensuite de cette heureuse Paix des Bergers & des Bergeres ; apprehendans le funeste retour de la guerre, prient le Dieu Pan & la Déesse Flore de leur prêter leur protection : Pan & Flore se rendent à leur desirs, & pour leur assurer le bon-heur de la Paix, ils veulent que l'Amour regne dans leur boccage : La Discorde ne peut souffrir leur allegresse, & suivie de la Vengeance & de quelques autres Divinitez Infernales, elle remplit ce boccage de carnage, d'horreur, & de combats : Jupiter touché des malheurs de ces Bergers en-

voye Mercure sur la terre pour faire retirer ces Divinitez Infernales, qui s'abîment pour obeïr au plus grand des Dieux. Pan revient avec les Bergers se rejoüir du départ de la Discorde, & de sa suite ; Hebé vient prendre part à la fête qu'il veut celebrer dans ce boccage à l'honneur de l'amour, & ils commencent tous deux à y établir le Regne de cet aymable Dieu, ce qui donne occasion à une intrigue amoureuse des deux Bergers, & deux Bergeres : Une Jalousie malfondée, & une Vengeance feinte, font le nœud de la Piece ; Pan & Hebé font tout le reste, qui consiste en de jeux, qui se font dans ce boccage & dans le Temple de l'Amour pour celebrer son heureux regne. La piéce finit par l'accommodement des deux Bergers & des deux Bergeres, dont Pan & Hebé sont les Auteurs.

ACTEURS DU PROLOGUE.

LA FRANCE.
LA PAIX.
LE REPOS.
LA VICTOIRE.

ACTEURS DE LA PIECE.

PAN.
FLORE.
LA DISCORDE.
LA FUREUR.
HEBE', Déesse de la Jeunesse.
DAPHNIS, Amant de Climene.
CLIMENE.
TIRCIS, Amant de Silvie.
SILVIE.
Deux Satyres.
Troupe des Bergers & des Bergeres.

PROLOGUE.

LE Theatre represente un magnifique Palais pour le divertissement que le Repos & la Paix introduisent ; la France paroît au fond du Theatre avec son manteau Royal parsemé de Fleurs-de-Lis d'or, doublé d'Hermine. La Paix & le Repos demeurent à côté du Theatre jusqu'à ce que la France les appelle.

LA FRANCE.

Venez aymable Paix,
Venez Repos tranquille,
La France pour jamais
Doit être vostre azile.

LE REPOS.

Allons aymable Paix.

LA PAIX.

Allons Repos tranquille.

LA FRANCE, LE REPOS, ET LA PAIX.

La France pour jamais
Doit être {vostre / nostre} azile.

CHOEUR.

Venez aymable Paix,
Venez Repos tranquille,
La France pour jamais
Doit être vostre azile.

Entrée des Bergers & des Bergeres.

LA FRANCE, LA PAIX, ET LE REPOS.

{Arrestez / Arrestons} Dans ces lieux, les Jeux & les plaisirs.
De {vos / nos} plus doux bienfaits {comblez / comblons} tous les desirs.

Faites } que tout repose,
Faisons }
Et ne souffrez } d'autres soûpirs
Et ne souffrons }
Que ceux que l'Amour cause.

Entrée des Plaisirs & des Bergers.

Cette danse est interrompuë par un Plaisir qui vient chanter au milieu du Theatre, il porte des chaînes de fleurs qu'il distribuë aux Jeux & aux Plaisirs.

UN PLAISIR.

Dans ce beau sejour
Les craintes seront vaines,
Les Plaisirs à leur tour
En vont bannir les peines,
On n'y porte d'autres chaînes
Que les chaînes de l'Amour.

LA FRANCE ET LA PAIX.

On ne voit dans ce boccage,
Que les Jeux les plus charmans,
C'est icy que l'on s'engage,
Sans connoître les tourmens;
On ne craindra plus les peines
Dans un si charmant sejour,
On n'y porte d'autres chaînes
Que les chaînes de l'amour.

CHOEUR.

On ne craindra plus les peines
Dans un si charmant sejour,
On n'y porte d'autres chaînes
Que les chaînes de l'amour.

Un bruit éclatant des tambours & des trompettes interrompt les plaisirs des Bergers & des Bergeres.
La Victoire paroit dans son char, & descend au bruit d'une Symphonie guerriere.

LA FRANCE, LA PAIX ET LE REPOS.

Quels tambours, quelles trompettes,
Quelles clameurs mal à propos,
Interrompent nos musettes,
Et troublent nostre repos.

CHOEUR.
Quelles clameurs mal à propos
Interrompent nos musettes,
Et troublent nostre repos?

LA PAIX.
Quoy jusques dans ton sein, craindray-je la Victoire.

LE REPOS.
La barbare en tous lieux m'attaque & me détruit;
Je suis d'accord avec la Gloire,
Et la Victoire me poursuit.

LA FRANCE, LA PAIX, ET LE REPOS.
Je suis d'accord avec la gloire,
Et la Victoire me poursuit.

LA FRANCE.
Déesse toûjours agissante,
Les Jeux & les Plaisirs regnent dans mes Etats,
La Paix, avec tous ses appas,
Nous donne le repos par sa douceur charmante,
La Gloire en est contente.
Et la Victoire ne l'est pas.

LA VICTOIRE.
Non, je ne puis souffrir les festes,
Et tu reçois trop bien la Paix & le Repos:
La bonté du Heros
Limite ses Conquestes,
Sans le Repos, & sans la Paix
Ta gloire alloit plus loin que tes souhaits.

LA PAIX ET LE REPOS.
Tout rit, tout chante

Dans

Dans ces lieux pleins d'appas,
La Gloire en est contente
Et la Victoire ne l'est pas.

LA VICTOIRE.

Quelle terreur ! quelle épouvante,
A jamais troublé tes Etats,
Dans le temps même des combats,
Du Heros que tu sers la valeur triomphante
Te laissoit entre les bras,
Du paisible Repos, & de la Paix constante ?
Quelle terreur, quelle épouvante
A jamais troublé tes Estats.
Dans le temps même des combats.

LA FRANCE.

Du Heros que je sers la douceur est charmante,
Jusques à ses ennemis, il faut que tout ressente
Le tranquille repos qui regne en ses Estats ;
La Gloire en est contente,
Et la Victoire ne l'est pas.

LA VICTOIRE.

Dans les plaisirs divers
Que le repos inspire,
Laisse chanter & rire
Ceux dont il brise les fers ;
Mais toy connois ce que tu perds,
Le Maître de cet Empire
Devoit l'être de l'Univers.

LA FRANCE, LA PAIX, ET LE REPOS.

Du Heros triomphant, la sagesse profonde,
Cherche moins son bonheur que le bonheur du monde.

On entend une symphonie de flutes & autres instrumens.

LA VICTOIRE.

Je cede aux charmes de la Paix,
Goutez peuples heureux, goutez ses doux attraits,
Qu'elle comble ces lieux d'une nouvelle gloire?
Le Heros dont je suis les loix,
Veut luy même borner le cours de ses exploits,
Il n'appartient qu'à luy d'enchaîner la Victoire.

CHOEUR.

Honnorons le Vainqueur, il comble nos souhaits,
Il unit le repos, la Victoire & la Paix.

Fin du Prologue.

ACTE PREMIER.

Le Theatre represente une agreable verdure, le Dieu Pan & la Déesse Flore viennent, suivis d'une troupe de Bergers & de Bergeres, pour ordonner des fêtes à l'honneur de l'amour.

SCENE PREMIERE.

PAN.

Bergers reprenez vos musettes,
Laissez aller vos cœurs au gré de vos desirs;
Si le bruit des tambours, & le son des trompettes,
Troublent encor vos aymables retraites,
Vous gouterez bien-tôt de tranquilles plaisirs.

FLORE.

Joüissez des douceurs où l'amour vous convie.
Ne songez desormais qu'aux plaisirs & qu'aux jeux,
Quel sort est plus digne d'envie,
Que le sort des cœurs amoureux.

CHOEUR.

Puissante Deïté que l'Univers adore,
Dieu des Forests, aymable Flore,
Daignez proteger nos hameaux,
Conservez nos troupeaux,
Puissante Deïté que l'Univers adore.

SCENE II.
UN BERGER.

Que ce beau sejour
Nous offre de charmes?
Que ce beau sejour
Est propre à l'amour,
Les soins, les allarmes,
Les cris, les soûpirs,
Les plaintes, les larmes,
Tout cede aux plaisirs.

ENTREE DES BERGERS ET DES BERGERES.

L'Amour & la Paix,
Ont chassé les armes;
L'Amour & la Paix
Comblent nos souhaits:
Les soins, les allarmes,
Les cris, les soûpirs,
Les plaintes, les larmes,
Tout cede aux plaisirs.

Les danses des Bergers sont interrompuës par un bruit sourd, qui se fait entendre sous le Theatre, la terre s'ouvre, & le jour est obscurcy par une fumée qui en sort.

CHOEUR.

Quel bruit confus redoutable;
O Dieux! le jour se trouble,
Quel éclattant courroux
Vient s'armer contre nous?

Le jour se trouble,
Le bruit redouble,
Sauvons-nous.

Dans le temps que les Bergers effrayez se retirent en desordre, la Discorde paroist les cheveux épars, tenant dans ses mains plusieurs serpens.

SCENE III.

LA DISCORDE.

Dans ma demeure obscure
Ces Bergers viennent me troubler,
Je ne vois qu'à regret leurs plaisirs redoubler,
Rage, transports, fureur: ah! faut-il que j'endure
Que les jeux en ces lieux viennent se rassembler.
Accourez noire vengeance,
Accourez à mon secours.

La Vengeance armée d'un poignard, & la Fureur d'un sabre, accourent à la voix de la Discorde, accompagnées du carnage, de l'horreur, du desespoir, de la rage, du chagrin, & de la jalousie.

SCENE IV.

LA VENGEANCE.

Me voilà: que veux-tu? j'y cours en diligence;
Tu sçais que je te suis toûjours,

LA DISCORDE.

J'ay besoin de vostre assistance;
Des transports que j'inspire on arrête le cours.

D

On veut borner noſtre puiſſance
Tandis que les mortels n'auront que des beaux jours.
Ha : garderons-nous le ſilence ?

LA DISCORDE, LA VENGEANCE, LA FUREUR.

Troublons plûtôt tout l'Univers
Qu'on ne parle par tout que des feux & des fers.

Entrée des Furies.

Aprés que les Furies ont achevé de danſer le Theatre change, & repreſente une Campagne moitié détruite par la guerre, où paroiſſent pluſieurs Maiſons & châteaux brûlez, & dans l'enfoncement une Ville embraſée.

LA VENGEANCE.

Je ſuis la vengeance fatale,
Et quand j'ay pris place en un cœur,
A ma funeſte ardeur, nulle ardeur n'eſt égale,
Je n'inſpire que la fureur,
Je porte en tous lieux la terreur,
Et par une cruelle guerre
J'excite des tranſports, je ravage la terre,
Et je traîne aprés moy, le carnage & l'horreur.

Les demons viennent danſer, ils témoignent leur joye des deſordres que la vengeance & la fureur excitent dans ces aymables lieux : les Bergers & les Bergeres reviennent ſur le Theatre pour ſe plaindre.

SCENE V.

DEUX BERGERES.

LEs paiſibles amours commençoient à paroiſtre,
Les jeux & les plaiſirs revenoient parmy nous,

Dans les champs d'allentour nos troupeaux alloient
  paître,
Nous n'avons pas long-temps joüy d'un bien si doux.

CHOEUR.

Dans les champs d'alentour nos troupeaux alloient
  paître,
Nous n'avons pas long-temps joüy d'un bien si doux.

La Fureur qui ne veut pas écouter les plaintes des Bergers, appelle des Combattans pour faire des ravages dans ces lieux.

LA FUREUR.

Vous qui faites trembler & la mer & la terre ;
Vous qui troublez les plus puissans Estats,
  Venez vaillans soldats ;
Répandez dans ces lieux les fureurs de la guerre.

 Les Bergers fuyent.   Entrée des Combattans.

Le Combat des Soldats est interrompu par une Symphonie douce & languissante, qui assoupit la Vengeance, la Fureur & les Soldats.

LA VENGEANCE, & LA FUREUR.

Quels charmes assoupissans
 Viennent enchanter nos sens ?

L'amour décend dans un nuage accompagnée des Jeux & des Plaisirs.

SCENE VI.

L'AMOUR.

AH! laiſſez-moy regner dans ces paiſibles lieux,
Ne venez plus troubler ces aymables retraites:
Toutes mes douceurs ſont parfaites,
Et je ne puis ſouffrir ces objets odieux;
Les tambours & les trompettes
Ont trop long-temps ſervy de ſpectacle à mes yeux:
Ah! laiſſez-moy regner dans ces paiſibles lieux,
Ne venez plus troubler ces aymables retraites.

L'Amour s'envole dans les Cieux.

LA VENGEANCE ET LA FUREUR.

Quels charmes aſſoupiſſans
Viennent enchanter nos ſens.

La Diſcorde r'anime les combattans.

LA DISCORDE.

Vous qui reſiſtez chaque jour
Aux ennemis les plus terribles,
Pour être toûjours invincibles
Suivez mes pas, & mépriſez l'amour.

Les ſoldats r'animez par la Diſcorde s'en vont faire des ravages par tout.

Les Bergers & les Bergeres reviennent ſur le Theatre pour fuïr les ravages que les ſoldats excitent dans leur boccage, & ils implorent le ſecours de Jupiter.

CHOEUR.

Vous de qui les mortels redoutent la puiſſance,
Maître des Dieux écoutez nous,

Nous

Nous implorons vostre assistance,
    Faites cesser vostre courroux.

LA DISCORDE, LA VENGEANCE, LA FUREUR.

    Punissons qui nous outrage,
    Rien ne doit nous retenir,
    Et que le seul souvenir
    Des effets de nostre rage,
    Fasse trembler l'avenir.

Les vœux des Bergers sont exaucez, Mercure descend par l'ordre de Jupiter, & commande aux Divinitez Infernales de rentrer dans leur demeure sombre.

SCENE VII.

MERCURE.

FUyez, Monstres affreux, r'entrez dans les enfers,
N'excitez plus icy les fureurs de Bellonne,
    Gemissez sous des tristes fers,
    C'est Jupiter qui vous l'ordonne.

La Discorde, la Vengeance, & la Fureur s'abiment sous le Theatre.

Fin du premier Acte.

ACTE SECOND.

Le Theatre change, & repreſente un jardin, dans l'enfoncement, on voit le Temple de l'Amour.

Le Dieu Pan accompagné des Satires, joüans des flutes vient témoigner la joye qu'il a du départ de la Diſcorde, & convie les Bergers à rendre grace à Jupiter qui l'a chaſſée.

SCENE PREMIERE.

PAN.

APRE's le bruit affreux d'une funeſte guerre,
Qu'il eſt doux de gouter les plaiſirs de la Paix;
Jupiter aujourd'huy la donne à nos ſouhaits,
Et ſuſpend la fureur de ſon bruyant tonnerre;
Il rend le calme à ces lieux fortunez;
Venez trop aymable Jeuneſſe,
Venez heureux Bergers, venez,
Et faites voir par vos chants d'allegreſſe
Tout ce que dans vos cœurs vous ſentez de tendreſſe;
Venez trop aymable Jeuneſſe.
Venez heureux Bergers, venez.

Les Bergers viennent au ſon de divers inſtrumens ſe ranger autour de Pan, qui leur ordonne de celebrer la gloire de Jupiter.

SCENE II.

PAN.

Celebrez la gloire immortelle,
Du plus grand de tous les Dieux.

CHOEUR.

Celebrons la gloire immortelle,
Du plus grand de tous les Dieux.

PAN.

Aprés avoir chassé la Discorde cruelle,
D'un bon-heur eternel il va combler ces lieux,
Celebrez la gloire immortelle,
Du plus grand de tous les Dieux.

CHOEUR.

Celebrons la gloire immortelle
Du plus grand de tous les Dieux.

PAN.

O ! vous qui presidez sur l'aymable Jeunesse,
Soyez favorable à nos vœux :
Hebé, charmante Déesse,
Ramenez parmy nous les plaisirs & les jeux :
Venez, hâtez-vous de descendre.

CHOEUR.

Venez hâtez-vous de descendre,
Et daignez nous entendre.

Hebé Déesse de la Jeunesse, descend dans une gloire, accompagnée des Plaisirs & des Jeux ; on entend dans les airs un concert & une agreable symphonie.

SCENE III.

HEBE', LES PLAISIRS, ET LES JEUX ensemble.

Hâtons-nous de descendre,
Marquons nostre empressement,
Descendons promptement,
Nous nous faisons trop attendre,
Hâtons-nous de descendre.

CHOEUR.

Quels doux concerts,
Se font entendre,
Quels doux concerts
Frappent les airs.

Hebé invite les Plaisirs & les Jeux à la seconder dans le dessein qu'elle a d'établir le triomphe de l'Amour dans ce boccage.

HEBE'.

Plaisirs, aymables Jeux qui me suivez sans cesse,
Bannissez d'icy la tristesse,
Aymables Jeux, charmans plaisirs,
Secondez mes desirs.

Un Plaisir danse une entrée, après quoy Pan & Hebé commencent une feste galante.

PAN ET HEBE'.

Que la guerre cruelle
Porte ailleurs
Ses horreurs.

Qu'une

Qu'une ardeur nouvelle,
Flatte vos tendres Cœurs.
L'amour a cent douceurs
Pour un Amant fidelle,
Que la guerre cruelle
Porte ailleurs
Ses horreurs,

CHOEUR.

Que la guerre cruelle
Porte ailleurs
Ses horreurs.

PAN, & HEBE'.

Que vos douceurs seront parfaites,
Ah que vous aurez de beaux jours,
Bergers animez vos musettes,
A chanter vos tendres amours,
Que vos douceurs seront parfaites,
Ah que vous aurez de beaux jours.

CHOEUR.

Que nos douceurs seront parfaites,
Ah que nous aurons de beaux jours,

PAN, & HEBE', & tous les Bergers s'en vont répandre les douceurs du Triomphe de l'Amour par tout le boccage, Silvie demeure seule pour se plaindre de ce que le Berger Tircis l'a quitée pour Climene.

SCENE IV.

SILVIE seule.

AMour qui dans ces lieux établis ton empire,
J'implore ton divin secours.
Tircis pour Climene soupire.
Il a quitté, l'ingrat, ses premieres amours
Aprés avoir perdu le repos de mes jours,
Faut-il encor, amour, faut-il que je respire ?
Amour qui dans ces lieux établis ton empire
J'implore ton divin secours.
Ah ! que ne puis-je m'engager
Dans une amour nouvelle
Pour me vanger
De ce Berger :
Si tu ne peux, mon Cœur, haïr cét Infidelle,
Feins au moins de changer.

SCENE V.

DAPHNIS, SILVIE.

DAPHNIS.

LAissez-vous charmer, Bergere,
Rien n'est si doux que d'aimer.
L'Amour seul à de quoy plaire,
On ne peut trop s'enflamer.
Laissez-vous charmer, Bergere,
Rien n'est si doux que d'aimer.

SILVIE.

L'Amour n'est qu'un triste esclavage,
Souvent on fait un mauvais choix;
Malheureux le cœur qui s'engage,
Heureux celuy qui fuit ses loix.

DAPHNIS.

Choisissez un Amant qui soit tendre & fidelle,
Et gardez-vous des Inconstans.
L'Amour à cent douceurs dont il flatte les sens,
Quand il vient à former un ardeur mutuelle.

SILVIE.

Tircis avoit sçeu m'engager,
Mais ce Berger est trop volage;
Son cruel changement pour toûjours me degage:
Daphnis, quand j'ay quitté ce perfide Berger,
J'ay sauvé mon cœur d'esclavage,
Ie ne l'expose plus à ce cruel danger.

DAPHNIS.

Pour mieux vous degager,
D'un Inconstant Berger,
Il faut en aimer un fidelle?
Quand l'amour doit estre éternelle,
Doit-on craindre de s'engager.

SILVIE.

Ie crains de m'engager dans des liens trompeurs,
Ie sçay déja ce qu'ils me coutent,
Si l'amour a quelques douceurs,
Il est peu de cœurs qui les goutent.

DAPHNIS.

Iamais de tant d'amour mon cœur ne fut épris,
    Si vous en connoissiez le prix
Peut-estre qu'à mes vœux vous seriez moins contraire.

SILVIE.

Si Daphnis en amour pouvoit estre constant,
Ses soins pourroient un jour me toucher & me plaire.

DAPHNIS.

    Ha que mon cœur est content,
    Ha que mon ame est ravie,
    Tircis que je craignois tant,
    N'est plus aymé de Silvie :
    Ha que mon cœur est content
    Ha que mon ame est ravie.

DAPHNIS, SILVIE ensemble.

    Quand on aime tendrement,
Rien n'est si doux qu'un engagement,
Il est mille plaisirs où l'amour nous appelle,
    Quand on aime tendrement
Rien n'est si doux qu'un engagement

SILVIE.

Il est aisé de devenir Amant :
Mais il est mal-aisé d'être toûjours fidelle.

PAN & HEBE' reviennent sur le Theatre avec les Bergers, & les Bergeres aprés avoir annoncé le Triomphe de l'Amour.

SCENE VI.

PAN, HEBE.

ON n'entend plus que de tendres soupirs,
    Dans cét empire,
    Tout ne respire,
    Que les plaisirs.

CHOEUR.

On n'entend plus que de tendres soupirs,
    Dans cet empire,
    Tout ne respire,
    Que les plaisirs.

Fin du second Acte.

ACTE TROISIEME.
SCENE PREMIERE.

CLIMENE, CLORIS.

CLORIS.

Quelle est vôtre douleur, & quel chagrin vous presse
On voit regner icy les jeux & les plaisirs,
Dans une commune allegresse,
Pourquoy de si tristes soupirs?

CLIMENE.

Helas !

CLORIS.

Ne puis-je pas en sçavoir d'avantage?
Je plains tous vos malheurs & mon cœur les partage.

CLIMENE.

Helas ! j'aime un Ingrat qui méprise mes feux,
Fut-il jamais un sort plus rigoureux
Mes yeux éteignez dans vos larmes,
L'ardeur que je ressent pour cet ingrat Berger
Vous avez de trop foibles armes,
Pour l'engager...
Daphnis cause à mon cœur de secrettes allarmes,
Mes yeux éteignez dans vos larmes,

L'ardeur que je ressent pour cet ingrat Berger.

CLORIS.

Daphnis seroit moins insensible,
S'il sçavoit son bon-heur.

CLIMENE.

L'ingrat ne sçait que trop le secret de mon cœur,
  Le sien est toûjours inflexible.
J'ay parlé, soupiré, mais helas ! vainement
  Il triomphe de ma défaite.
  Et le perfide amant,
Meprise un amour si parfaite.

CLORIS.

Esperez........

CLIMENE.

Foible espoir : Silvie a trop d'appas.
  Mais quand elle seroit moins belle,
Peut-être encor l'ingrat ne m'aimeroit-il pas,
Et je craindrois toujours de le voir infidelle.

CLORIS.

Perseverez..........

CLIMENE.

Helas : je n'en ay que trop dit,
Et je n'écoute plus que mon juste dépit.

Climene & Cloris voyant venir Tircis se retirent sans que ce Berger qui est plongé dans une profonde reverie s'en apperçoive.

Tircis vient se rendre au Temple de l'amour pour assister aux jeux que Pan & Hebé y doivent faire à l'honneur de ce Dieu, il se plaint de l'infidelité de Silvie qu'il croit l'avoir quité pour Daphnis.

SCENE II.

TIRCIS seul.

Que je sens dans mon cœur & d'amour & de rage
  Quoy Silvie à donc peu changer ?
Aprés tant de sermens l'ingrate se degage ?
  Ah : que ne puis-je me vanger,
  D'une Bergere qui m'outrage ?
  Que ne puis-je me dégager ?
J'ay voulu, mais en vain, la quiter pour Climene,
Je n'ay peu derober mon cœur à ses appas,
  La raison m'inspiroit de fuir une Inhumaine,
  Mais l'amour ny consentoit pas.

Tircis s'en va vers la Porte du Temple de l'Amour, il trouve Silvie qui y alloit pour le même dessein que luy & l'oblige à retourner sur le Theatre.

SCENE III.

TIRCIS, SILVIE.

TIRCIS.

Vous avez donc changé trop Ingrate Silvie,
  Vous brûlez pour un autre Amant,
  Ah : que ce funeste moment,
N'a-t il esté le dernier de ma vie
Faut-il que je survive à vôtre changement.

SILVIE.

Je change quand on change,

Eh : puis que vous changez d'amour
Que trouvez-vous d'étrange,
Si je change à mon tour.

TIRCIS, SILVIE.

Pour me vanger d'une Infidelle
         d'un
J'ay feint de m'engager ailleurs :
Mais, helas, un amour nouvelle,
Ajoûtoit à mes maux des nouvelles rigueurs.

SILVIE.

Ingrat, vous adorez Climene ?

TIRCIS.

Ingrate, vous aymez Daphnis.

SILVIE.

Pour prix de mon amour je n'ay que vôtre haine.

TIRCIS.

Pour prix de mon amour je n'ay que vos mépris
         Voſtre legereté cruelle,
         Ne ſert qu'à m'enflâmer
         Vous êtes Infidelle,
Mais ne pouvant ceſſer d'eſtre charmante & belle.
Je ne ſçaurois, helas. Ceſſer de vous aimer.

SILVIE.

Helas, je vous adore.

TIRCIS.

Je n'ay jamais aimé que vous

H

Ah : que nôtre sort est doux
Ah : quel bonheur extrême
De dire tour à tour vous m'aimez, je vous aime.

PAN, & HEBE', accompagnez des Bergers & des Bergeres viennent se rendre au Temple de l'Amour pour y celebrer de nouvelles Festes, à son honneur.

SCENE IV.

PAN.

Que l'amour à de doux momens,
Pour les tendres Amans.
Heureux cent fois heureux, ceux qui portent ses chaînes.
Pour un peu de chagrin ils ont mille douceurs,
Et s'ils ressentent des rigueurs,
Leurs plaisirs surpassent leurs peines.

HEBE'.

Bergeres laissez-vous charmer,
Que dans ces lieux chacun soûpire ;
L'amour y doit tout enflâmer,
Bergeres laissez-vous charmer.
On n'a que des plaisirs dans l'amoureux empire,
Rien ne doit plus vous allarmer,
Bergeres laissez vous charmer.

CHOEUR.

On n'a que des plaisirs dans l'amoureux Empire,
Rien ne doit plus nous allarmer,

Bergeres laiſſez-vous charmer.

PAN.

Allons par de nouvelles Feſtes,
Témoigner en cét heureux jour,
Que l'amour
Regne dans nos retraites.

Pan & Hébé, Tircis, Silvie, & tous les Bergers & Bergeres entrent dans le Temple de l'Amour.

Fin du troiſiéme Acte.

ACTE IV.

Le Theatre change & represente une Forest entourée de plusieurs Rochers.

SCENE PREMIERE.

DAPHNIS.

ANTRES, Rochers, Forests dont le silence
Ne fût jamais troublé que par des malheureux.
Soyez touchez de ma souffrance ;
Plaignez le triste sort de mon cœur amoureux.

SCENE II.

UN SATIRE.

Quoy, toûjours triste & solitaire,
Toûjours inquiet, allarmé
Ce n'est pas le moyen de plaire,
Aux beaux yeux qui vous ont charmé.

DAPHNIS.

Ah ; je ne songe qu'à me plaindre,
D'une Ingrate qui m'a quitté.

LE SATIRE

Dans vos mal-heurs tâchez à vous contraindre,
Peut-être quelque jour serez-vous écouté.

DAPHNIS

Que peut-on esperer quand on a tout à craindre ?
Ah : je ne vois que trop son Infidelité.

LE SATIRE

  Brisez, brisez vos fers,
  L'amour fait trop de peine,
  N'ayez plus pour ses feux que mépris & que haine :
  Pourquoy passez-vous vos beaux jours,
  A languir prés d'une Inhumaine ?
N'écoutez plus l'appas d'une esperance vaine,
De vos tristes soupirs interrompez le cours ;
  Suivez-moy, brisez vôtre chaine,
  J'ay long-temps soupiré sans espoir de secours,
Mais enfin j'ay suivi le penchant qui m'entraîne.
Ma bouteille est l'objet de mes tendres amours.
  Je vis heureux, je vis sans crainte,
  Je fuis l'amour, & ses atraits,
  Bachus me défend de ses traits,
Sous son Empire on n'entend point de plaintes
On y joüit toûjours d'une profonde paix.
  Croyez-moy, n'ayez desormais,
  D'autres maistresses que la peinte.

Un Berger & un Satire entrent sur le Theatre.

SCENE III.

DAPHNIS, PREMIER SATIRE, UN BERGER, UN SECOND SATIRE.

LE BERGER.

Qu'on ne parle icy que d'aimer,

SECOND SATIRE.

Qu'on ne parle icy que de boire.

DAPHNIS, & LE BERGER.

L'amour seul a droit de charmer.

LES DEUX SATIRES.

Bachus doit avec luy partager cette gloire.

DAPHNIS, UN BERGER, DEUX SATIRES ensemble.

L'Amour / Bachus } doit sur { Bachus / L'Amour remporter la Victoire.

DAPHNIS, UN BERGER.

Ah ! si vous connoissiez les charmes de l'amour,
Vôtre cœur deviendroit sensible.

LES DEUX SATIRES.

Ses douceurs ne durent qu'un jour,
Bachus nous fait joüir d'un destin plus paisible.

DAPHNIS, UN BERGER, DEUX SATIRES ensemble.

Dans les beaux jours
De la Jeunesse.

DEUX BERGERS.

Aimons toujours.

DEUX SATIRES.

Beuvons sans cesse.

UN BERGER.

Rien n'est si doux que d'aimer.

UN SATIRE.

Rien n'est si doux que de boire.

UN BERGER.

Sans l'amour il n'est point de beaux jours.

UN SATIRE.

Sans Bachus il n'est point de beaux jours.

DEUX BERGERS, DEUX SATIRES.

Sans l'Amour } Il n'est point de beaux jours.
Sans Bachus

SCENE IV.

PREMIER SATIRE.

Quittez qui vous abadonne,
Berger, faites comme nous,
Delivrez-vous,
Des chagrins que l'amour donne.
Le jus de la Tonne
Est cent fois plus doux.

SECOND SATIRE.

Pendant que tout joüit d'un destin favorable
Et que la Paix nous promet cent douceurs
Voulez-vous que l'Amour vous rende miserable
Et n'aimez-vous qu'à répandre des pleurs.

DAPHNIS.

Je brûlois pour une Cruelle,
J'aimois, je croyois estre aimé.
Et jamais Amant fidelle,
N'eut le cœur plus enflamé
Que le mien l'étoit pour elle.
Je la voyois chaque jour,
L'ingrate, elle flatoit ma peine.
Mais, helas! un nouvel amour,
En a fait une Inhumaine.
Cependant pour ce cœur leger,
Jay méprisé la fidelle Climene,
Mais c'est trop je veux changer,

Je laisse aller mon cœur où mon depit l'entraine.

SECOND SATIRE.

Iamais l'Amour n'a pû toucher mon Cœur,
Et j'aime de Bachus la charmante liqueur.
Ce Dieu seul a dequoy me plaire,
La Bouteille est enfin le flambeau qui m'éclaire.

DEUX BERGERS.

Choisissons desormais des chaines plus legeres,
    Si nous voulons vivre contens,
    Quitons nos ingrates Bergeres,
Et ne soûpirons plus pour des cœurs Inconstans.

Daphnis & les Bergers se retirent dans le dessein de changer de Bergeres.

DEUX SATIRES.

    Que c'est un sort bien deplorable,
    De se consumer en desirs,
Tandis que sans chagrin on peut gouter à table,
    Les plus charmans plaisirs.

Entrée des Satires.

Fin du Quatriéme Acte.

ACTE V.

Le Theatre change & represente un Cabinet de verdure, on y decouvre au milieu plusieurs jets d'eau naturels ; Daphnis vient s'y plaindre de la cruauté de l'Amour qui luy fait aimer Climene aprés avoir quité Silvie, Climene est dans le Cabinet de verdure, mais Daphnis dans sa profonde reverie ne l'apperçoit pas.

SCENE PREMIERE.

DAPHNIS seul.

Crainte, depit, amour que voulez-vous de moy ?
Pourquoy me causez-vous une si dure peine,
 Vous me punissez, je le voy,
Du mépris que j'ay fait de l'ardeur de Climene,
Plus belle que jamais elle revient, helas
Elle charme mon Cœur avec tous ses appas,
 Ne dois-je pas craindre sa haine ?
Crainte, depit, amour que voulez-vous de moy,
Pourquoy me causez-vous une si dure peine ?

CLIMENE dans le Cabinet de verdure.

Cesse mon Cœur, cesse d'aimer
Un Berger trop ingrat que je ne puis charmer.

DAPHNIS.

Ciel, quelle voix se fait entendre,

Dans ces solitaires lieux?
Quelque Amant mal-heureux comme moy vient s'y
rendre,
Ne m'abusez point mes yeux,
C'est l'objet que j'adore : ô Dieux.

Il approche du Cabinet de verdure, & connoissant que celle qui chante est Climene, il s'arrête tout surpris.

SCENE II.

CLIMENE appercevant DAPHNIS.

AH : je voy cet Ingrat que j'aime,
Je suis dans une peine extreme,
Fuyons, fuyons cet aimable Vainqueur.
Je veux luy cacher ma tendresse,
Qu'il soit content d'avoir mon Cœur
Sans triompher de ma foiblesse.

Climene veut s'en aller, mais Daphnis la retient.

SCENE III.

DAPHNIS.

Vous ne me voyez qu'à regret
Pourquoy fuir?

CLIMENE.

Auriez-vous entendu mon secret,

DAPHNIS.

Vos cruelles douleurs redoublent ma souffrance,
Ah ! s'il vous faut une vengeance
Ie suis tout prest à vous vanger.

CLIMENE.

Cessez de m'outrager.
Ne m'offrez pas un Cœur qui brûle pour Silvie,
Venez vous insulter à mes transports jaloux.
En vain contre un Ingrat j'anime mon courroux,
Ah ! d'eût-il m'en couter le repos de ma vie,
Ie ne sçaurois aimer que vous.

DAPHNIS.

Ciel ! que me dites-vous.

CLIMENE.

Ce que je ne puis taire,
Ie n'ay que trop caché mes amoureux desirs,
Ma bouche vainement en faisoit un mistere,
Quand mon cœur s'expliquoit par des tendres soupirs.

DAPHNIS.

Quel sort seroit le mien si vous estiez sincere,
Ie vous aime tendrement.

CLIMENE.

Ah ! que cét aveu charmant,
Cause de doux transports à mon ame amoureuse,
Ah que vous me rendez heureuse.

DAPHNIS

DAPHNIS.

De toutes les heures du jour,
    Il n'en est qu'une
    Pour la Fortune,
De toutes les heures du jour,
    Il n'en est qu'une
Qui soit favorable à l'Amour,
Pour la trouver souvent on se tourmente,
Il en coûte des pas, des peines, & des soins,
    Quelquefois elle se presente,
    Lors qu'on y pense le moins.

CLIMENE DAPHNIS.

De toutes les heures du jour,
    Il n'en est qu'une
    Pour la fortune,
De toutes les heures du jour,
    Il n'en est qu'une
Qui soit favorable à l'Amour.
Pour la trouver souvent on se tourmente,
Il en coûte des pas, des peines, & des soins,
    Quelquefois elle se presente,
    Lors qu'on y pense le moins.

Pan & Hebé reviennent sur le Theatre, accompagnez de Tircis & de Silvie, & de tous les Bergers qui viennent de solemniser avec luy le Triomphe de l'Amour dans son Temple.

SCENE IV.
DAPHNIS A SILVIE.

ENfin je suis vangé de voſtre humeur volage,
Une nouvelle amour à ſçeu me degager,
  Et je ne voudrois pas changer,
   Mon heureux eſclavage
  Pour celuy de voſtre Berger.

SILVIE A DAPHNIS.

  Je reſſens un plaiſir extrême
   De mon changement
Si vous eſtes heureux, je la ſuis tout de même.

DAPHNIS, CLIMENE, TIRCIS, SILVIE

Eſt-il un ſort plus doux que celuy d'un Amant,
  Qui ſe voit aimé tendrement
  De ce-qu'il aime.

PAN.

 A Tircis.   A Daphnis.
Tircis aymez Silvie: Et vous aimez Climene,
Joüiſſez des douceurs que vous offre l'Amour.
  Cheriſſez deſormais ſa chaine,
Que chacun faſſe voir que dans cet heureux jour,
Les plus tendres Amours ont ſçeu payer ſa peine.

Entrée des Bergers.

HEBE.

  Profitez de vos jeunes ans,
  Aimez Bergers, aimez Bergeres,
  L'Amour a cent plaiſirs charmans,
  Ses chaines ſont toûjours legeres,
  Ne perdez plus d'heureux momens,

Profitez de vos jeunes ans.
CHOEUR.
Profitons de nos jeunes ans,
Aimons Bergers, aimons Bergeres,
Ne perdons plus d'heureux momens
Profitons de nos jeunes ans.

Fin de la Pastorale.

Extrait du Privilege du Roy.

PAr grace & Privilege du Roy il est permis au sieur Jean-Baptiste Lully Sur-Intendant de la Musique de nostre Chambre de faire imprimer par tel Imprimeur & Libraire que bon luy semblera dans tous les lieux de nôtre obeïssance les airs de Musique, Vers & Paroles qui seront par luy fait en tel volume, marge, caractere qu'il voudra; pendant le temps de trente années consecutives à commencer du jour que chaque Ouvrage sera achevé; faisant tres-expresses inhibitions & deffences à tous Libraires, Imprimeurs, Colporteurs & autres personnes de quelles qualités qu'elles soient, d'imprimer, faire imprimer, vendre & distribuer les dites pieces de Musique, Vers, Paroles, sans son consentement ou de ses ayant cause, sur peine de confiscation des Exemplaires contrefaits & de dix mille livres d'amande tant contre ceux qui les auront imprimé & vendu, que contre ceux qui s'en trouveront saisis, & de tous dépens dommages & interêts comme il est plus porté au Privilege donné à Versailles le 20. Septembre 1672. Signé, LOUIS, & plus bas par le Roy.

COLBERT.

Et Messire Guillaume du May Ecuyer Capitaine des Gardes de Monseigneur le Duc de Villeroy, & sieur Camille de Barco, Ecuyer, Commissaire ordinaire des Guerres, a cedé le present Privilege du consentement de Messire Jean Nicolas de Francini, Chevalier, Conseiller, Maître d'Hôtel ordinaire du Roy, donataire de sa Majesté du premier Mars 1689. à sieur Nicolas le Vasseu & associez pour en joüir suivant l'accord fait entr'eux tant à Lyon, qu'aux autres Villes où se representeront lesdits Opera & ledit sieur le Vasseur & associez l'a cedé entierement à Thomas Amaulry, Libraire de Lyon, suivant la cession qui luy en a esté faite le 24. Janvier 1690.

www.ingramcontent.com/pod-product-compliance
Lightning Source LLC
Chambersburg PA
CBHW060956050426
42453CB00009B/1199